¿DÓNDE ESTÁ WALLY?
VIAJE POR EL ESPACIO

MARTIN HANDFORD

blok
B DE BLOK
Barcelona • Madrid • Bogotá • Buenos Aires
• Caracas • México D. F. • Miami
• Montevideo • Santiago de Chile

¡SALUDOS, TERRÍCOLAS!

TOMAD LOS BOLIS Y DESPEGAD CONMIGO
PARA VIVIR UNA AVENTURA POR
LAS PROFUNDIDADES DEL ESPACIO.
VISITAREMOS CURIOSOS PLANETAS,
VEREMOS JUEGOS QUE DESAFÍAN LA
GRAVEDAD Y RESOLVEREMOS ACERTIJOS
CÓSMICOS. ¿PODÉIS AYUDARME A
ENCONTRAR ESTA REFULGENTE ESTRELLA?

CONMIGO VAN WOOF, WENDA,
EL MAGO BARBABLANCA Y ODLAW.
¡A VER SI ENCONTRÁIS
LAS COSAS QUE PERDIMOS
EN EL ESPACIO!

LLAVE DE WALLY · HUESO DE WOOF · CÁMARA DE WENDA · PERGAMINO DE BARBABLANCA · PRISMÁTICOS DE ODLAW

¡ES ESTRATOSFÉRICO!

Wally

CORREO ESPACIAL

¡Menudo lío en la correspondencia intergaláctica!
Pon el sello correspondiente a cada misiva y averigua
quién envió una postal (y quién no).

HOY VI A WOOF Y A WENDA EN UNA PARADA ESPACIAL CON UNOS ALIENÍGENAS. ¡UNO DE ELLOS LLEVABA UN GORRO IGUAL QUE EL MÍO! ¡VAYA! ¡OJALÁ ESTUVIERAS AQUÍ!

BUSCADORES DE
WALLY AMBULANTES,

PLANETA TIERRA,

EL UNIVERSO

¡Sim salabim! ¡Cielos! Lancé un hechizo para crear un cohete, pero se me enredó la barba en la antena ¡y me arrastró años luz!

Wally,

El caminante,

Con bastón,

Dondequiera que estés

¡QUÉ TRISTE ESTOY! MI HERMANO ME SACA LA LENGUA Y NO QUIERE LLEVARME AL PARTIDO DE PELOTA ESPACIAL EN LA LUNA DE VALENCIA. ¿PUEDES AYUDARME?

POZO DE LOS DESEOS, S. A.

APDO. AFORTUNADO,

ESTRELLA FUGAZ

ME DORMÍ DEMASIADO CERCA DEL SOL EN LA HAMACA ESTELAR QUE ME ENVIASTE. ¡YA NO SOY NARANJA Y TENGO LOS TRES OJOS ROJOS!

MAMÁ

C. ESTRELLA ROJA,

AGUJERO NEGRO,

PLANETA CARAMBA

UN ENIGMA POR AQUÍ, OTRO POR ALLÁ.

SOY SIGILOSO COMO UN CIBERGATO NEGRO.

LLEVO GAFAS DE SOL Y BIGOTE PARA DISIMULAR...

¡BUSCA A MIS ALIADOS ALIENÍGENAS (NEGROS Y AMARILLOS)!

ALTO SECRETO,

EN NINGUNA PARTE,

POR DOQUIER,

PLANETA ESCONDITE

QUÉ MÁS HACER

* Copia las cinco caras que elegiste en los sellos en blanco.

* ¿Puedes ver tres alienígenas amarillos y negros, amigos de Odlaw? ¡Busca otros cinco en el resto del libro!

LÍNEAS ERRANTES

¡Los marcianos azules son sonámbulos! Busca grupos
de tres iguales seguidos en todas direcciones.
¡Odlaw ya te ha encontrado uno!

¡La gravedad ha alterado estas palabras!
Lee las pistas para ordenar sus letras.

3. Es inmenso
P A C I E O S

1. Sinónimo de alienígena
T R T R Y R E A E R T T E X A E S R

2. Se desconoce su tamaño
N I S V U R O V E O

4. Satélite de la Tierra
U L N A

7. El planeta rojo
M T A E R

8. Ilumina la Tierra
S O L

5. Objeto electrónico que orbita
L T S I A É E T E E

6. Pilota una nave
S A U N A A T O T R N

12. Lo es la Vía Láctea
G A A X L I A

11. Tiene cola
M T O C A E O

9. Brilla de noche
T S A E L R E L R E Z

10. Instrumento con lentes
S C T O E O L I P E I

QUÉ MÁS BUSCAR
✳ ¡Encuentra un marciano
azul dormido en una
roca espacial!

ESTACIÓN ESPACIAL DUPLICADA

Encuentra diez diferencias en cada par de imágenes.

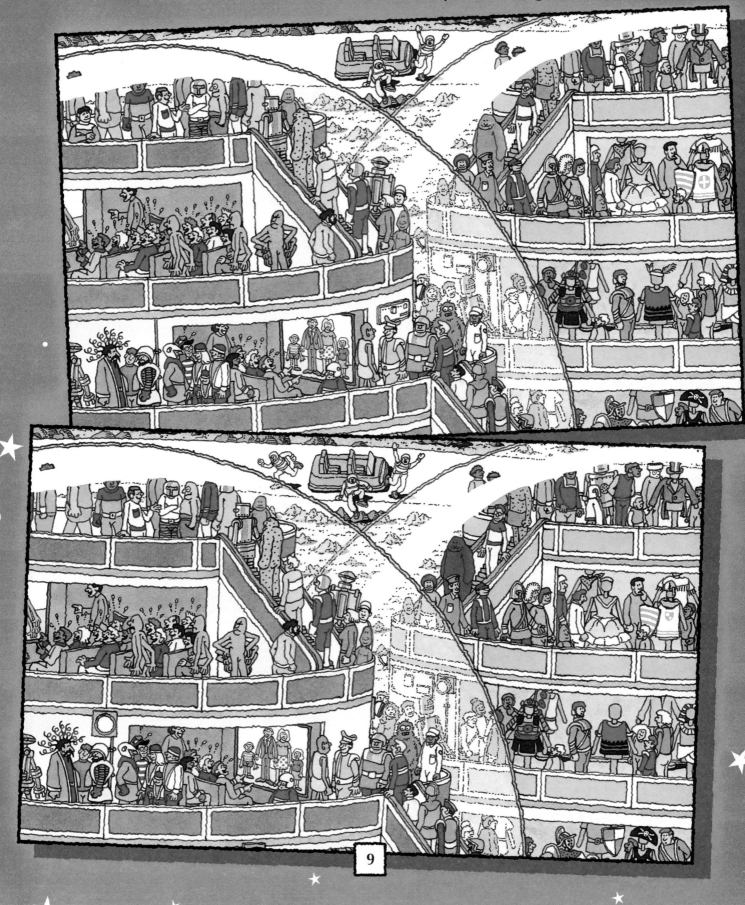

SER EXTRAÑO

Escribe los números del 1 al 6 para ordenar las tiras y recomponer la cara de este hambriento monstruo.

MITAD ALIENÍGENA...

¡Qué seres más curiosos! ¿Podrías unir la mitad superior con la inferior que corresponde a cada uno?

QUÉ MÁS HACER

✳ ¡Calca esta página y recorta las dos mitades de estos personajes para crear más seres estrambóticos!

ALIENÍGENAS DE CINE

¿Son actores o alienígenas? ¡Es un misterio! Encuentra estas siluetas en esta escena de un alocado film espacial.

QUÉ MÁS BUSCAR

- [ ] 1 robot
- [ ] 44 astronautas
- [ ] 1 castillo de arena espacial
- [ ] Unas tijeras
- [ ] 1 megáfono

13

LABERINTO ESPACIO-TIEMPO

¿Qué ruta debe seguir el cohete amarillo para llegar arriba y recoger a cuatro tripulantes? ¡Evita los relojes que marcan las doce! ¡Tictac!

QUÉ MÁS BUSCAR

- 3 relojes con los números desordenados
- 1 reloj que marca las 5 en punto
- 1 reloj al que le falta un número

ESTRELLADO

Empareja las estrellas con imágenes parecidas y busca tres diferencias en cada par. ¡Alucinarás!

QUÉ MÁS HACER

* A Wenda le encanta la música espacial. Busca 9 estrellas con forma de nota.

CAOS LUNAR

Para acabar con el jaleo de este planeta busca las palabras
en la luna de letras. (Pueden formarse en todas direcciones.)

ESPACIO
METEORO
COMETA
NAVE
LUNA
NOVA

ÓRBITA
GRAVEDAD
ROBOT
PLANETA
CRÁTER
PÚLSAR

DE OTRO MUNDO

¡Usa colores atrevidos para transformarnos a mis amigos y a mí en unos marcianos maravillosos!

SATÉLITES UNIDOS

¡Caramba, qué concurrido está esto hoy! Busca una o más copias idénticas de cada objeto para descubrir uno del que no hay otro igual.

QUÉ MÁS BUSCAR

- [ ] 6 coches amarillos
- [ ] 22 planetas azules
- [ ] 6 termómetros
- [ ] 16 planetas rayados
- [ ] 2 llaves de tuercas

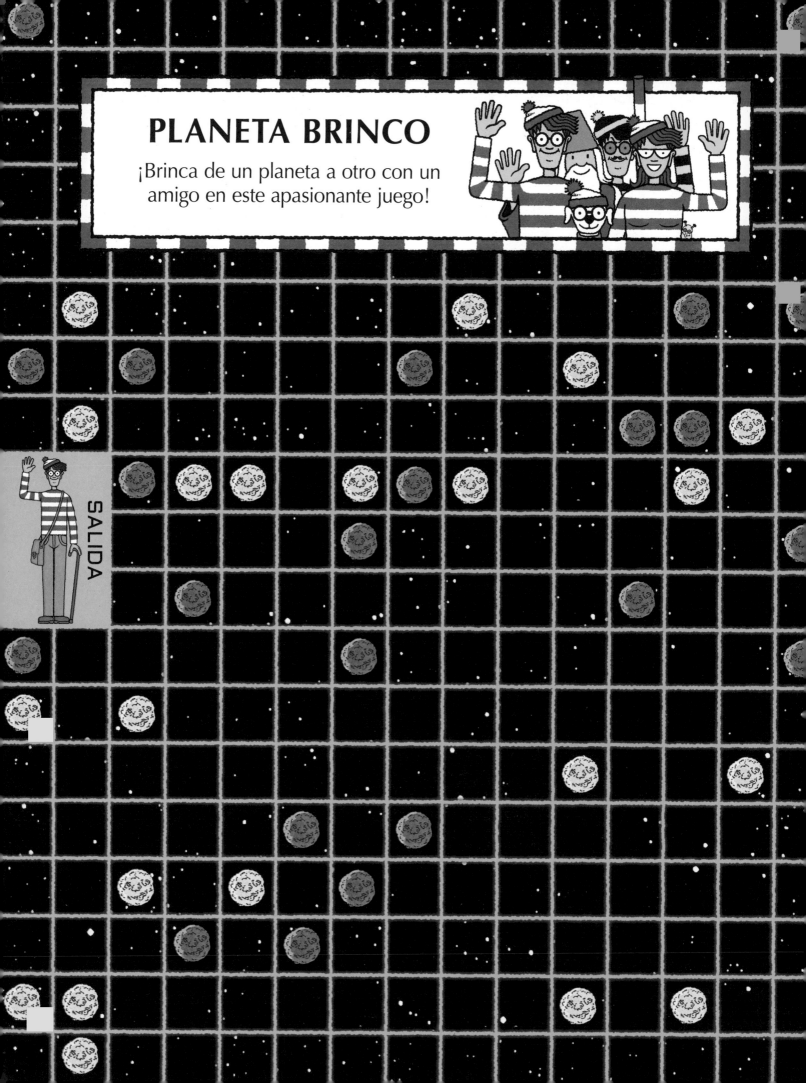

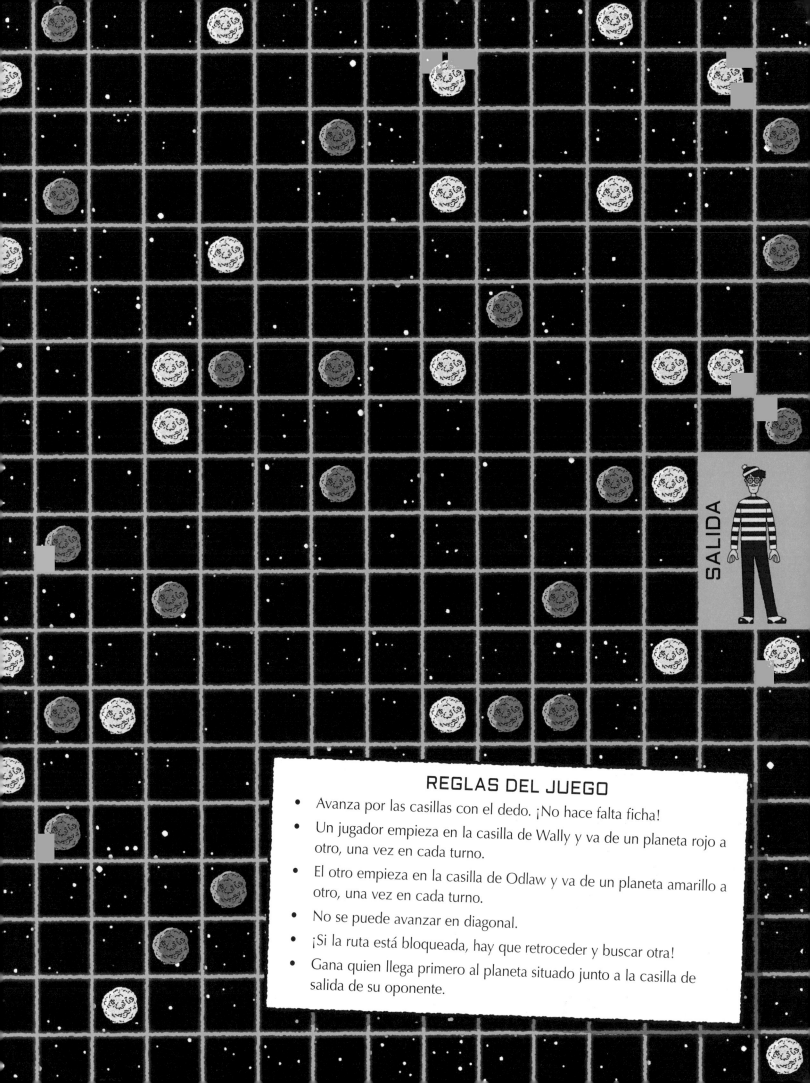

SALIDA

REGLAS DEL JUEGO

- Avanza por las casillas con el dedo. ¡No hace falta ficha!
- Un jugador empieza en la casilla de Wally y va de un planeta rojo a otro, una vez en cada turno.
- El otro empieza en la casilla de Odlaw y va de un planeta amarillo a otro, una vez en cada turno.
- No se puede avanzar en diagonal.
- ¡Si la ruta está bloqueada, hay que retroceder y buscar otra!
- Gana quien llega primero al planeta situado junto a la casilla de salida de su oponente.

EN CONTACTO

¡Vaya! ¡Cuántos secretos guarda este planeta!
Usa la clave para leer los mensajes mágicos.

¡MUY BIEN, BUSCADORES DE WALLY!

¿ENCONTRASTEIS LA DESLUMBRANTE ESTRELLA? ¡SI NO ES ASÍ, TODAVÍA PODÉIS HACERLO!

¡PERO AÚN HAY MÁS! BUSCAD EN LAS IMÁGENES LOS OBJETOS DE LA LISTA Y LOS QUE APARECEN ENMARCADOS A CONTINUACIÓN. ¡QUE OS GUÍEN LAS ESTRELLAS!

Wally

EN EL ESPACIO

- 1 alienígena bicéfalo
- 1 cuchillo y 1 tenedor
- 1 reloj cabeza abajo
- 1 alienígena verde señalando
- 4 pirámides
- 1 hombre leyendo un libro rojo
- 1 alienígena rosa con cuatro patas
- 1 hombre verde con un escudo
- Wally escribiendo con un lápiz
- 13 hombres verdes en un puente
- 2 perros espaciales (están en la cubierta)
- 1 biplano que no deja estela
- 14 siluetas sin alas
- 6 constelaciones osunas
- 1 barco
- 1 alienígena verde con la nariz rosa
- 4 buscadores de Wally
- 32 botellas de leche
- 1 paraguas rojo y blanco
- 1 astronauta con botas rosas
- 1 gato con tres ojos

ESTAS SON LAS SOLUCIONES DE LOS JUEGOS MÁS DIFÍCILES. ¿POR QUÉ NO PIDES AYUDA A TUS AMIGOS PARA LOS DEMÁS?

LÍNEAS ERRANTES

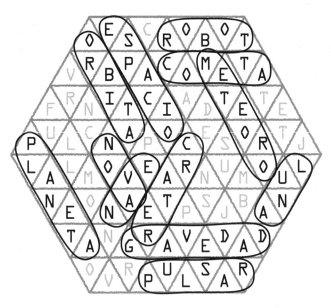

MUNDOS DE LETRAS

1. Extraterrestre. 2. Universo. 3. Espacio. 4. Luna.
5. Satélite. 6. Astronauta. 7. Marte. 8. Sol. 9. Estrella.
10. Telescopio. 11. Cometa. 12. Galaxia.

EMBROLLO ESPACIAL

LABERINTO ESPACIO-TIEMPO

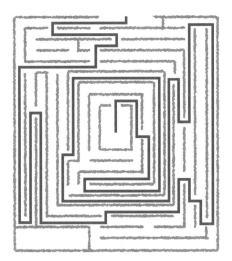

EN CONTACTO

Arriba: En este libro hay treinta y seis alienígenas rojos. ¡Encuéntralos! Centro: Encuentra también un planeta con siete alienígenas rojos en él. Abajo: Busca cinco monjes de rojo lanzando fuego. ¡En esa página voy en una nave de mi color favorito!

CAOS LUNAR

Título original: *Where's Wally? In Outer Space*
Traducción: Laura Paredes
1.ª edición: julio 2016
© 1987 - 2015 Martin Handford
© de la edición en castellano Ediciones B, S. A., 2016
para el sello B de Blok
Consell de Cent, 425-427 - 08009 Barcelona (España)
www.edicionesb.com

Publicado por primera vez en 2015 por Walker Books Ltd, 87 Vauxhall Walk, Londres SE11 5HJ

Printed in China / Impreso en China

ISBN: 978-84-16075-94-2

UNA COSA MÁS...

¿Encontraste una estrella de Wally con la cola roja y blanca? ¿Y otra de Odlaw con